Le magasin de mon père

À Rémi

Loi numéro 49 956 du 16 juillet 1949 sur les publications
destinées à la jeunesse : septembre 2004
Dépôt légal : septembre 2004
Imprimé en France par CCIF à Saint-Germain-Dupuy

Satomi Ichikawa

Le magasin de mon père

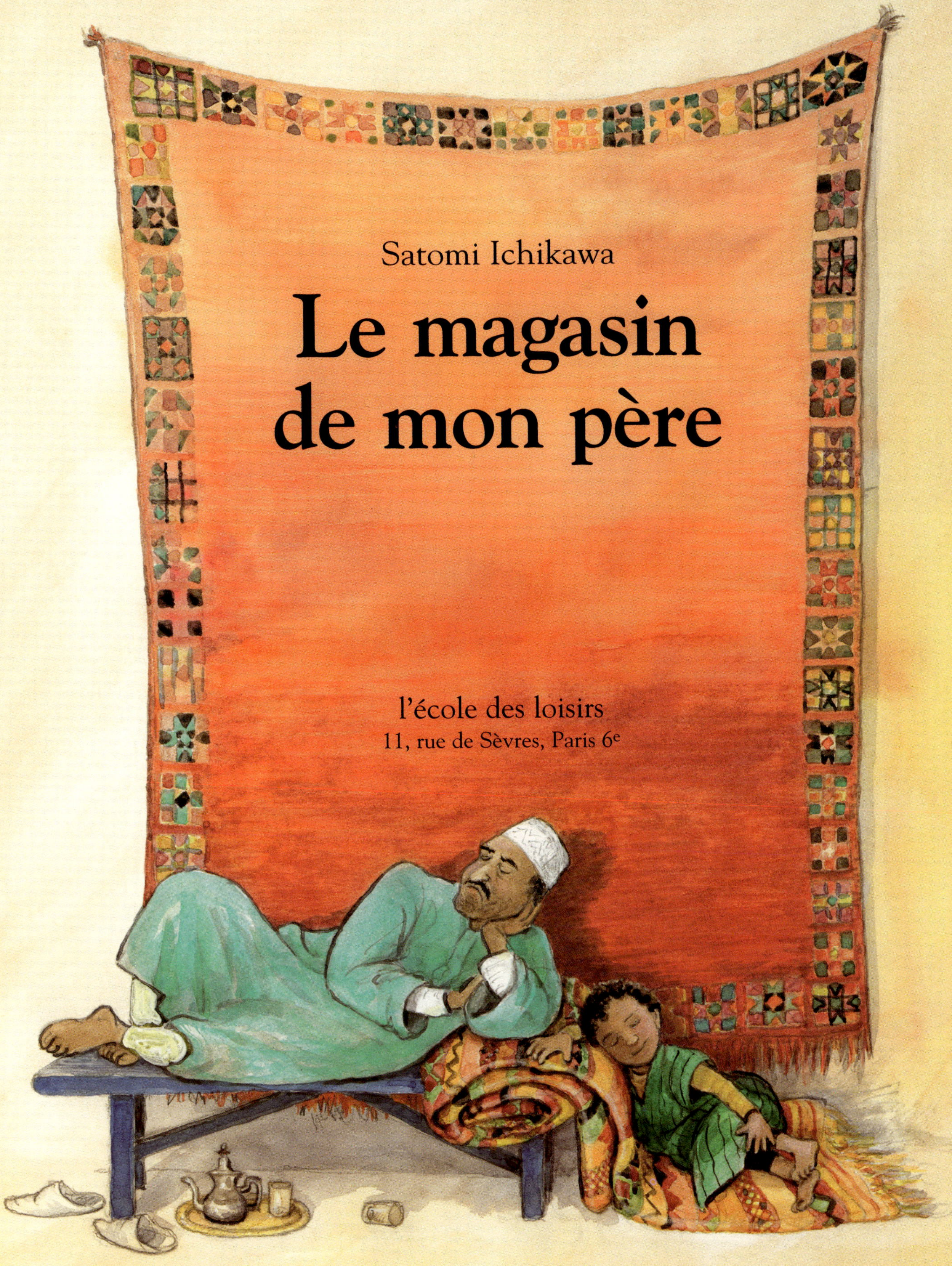

l'école des loisirs
11, rue de Sèvres, Paris 6e

Je m'appelle Mustafa.
Voici le magasin de mon père. Il vend des tapis de toutes les couleurs.
Dès que des touristes étrangers arrivent, mon père leur dit : *welcome*, qui veut dire bienvenue, et nous déployons des tapis partout. Ensuite mon père leur dit : *beautiful*, qui veut dire très joli.
Il ajoute : *good price*, qui veut dire pas cher, et nous leur offrons du thé à la menthe.

Un jour, en rangeant les tapis, j'en vois un très beau, mais il a un trou au milieu.
Mon père s'écrie : « Oh, il n'est toujours pas vendu celui-là, à cause de ce trou. Quel dommage ! »
Un trou, ça m'est égal, il est beau, ce tapis ! Je l'aime.
« S'il te plaît, papa, donne-le-moi ! »

« Bon, puisque personne ne le veut, je te le donne.
Mais alors tu me promets d'apprendre les langues étrangères, c'est très important dans notre métier », dit mon père.
« Oui, oui, entendu. Merci papa ! »
Enfin un tapis à moi ! Je l'aime, surtout le trou !

« Mustafa, viens ici », dit mon père. « Je vais t'apprendre les langues étrangères. Assieds-toi là. »
« Oui papa, mais plus tard ! »
« Mustafa, tu me l'as promis. Commençons tout de suite :
welcome veut dire bienvenue,
beautiful veut dire très joli,
good price veut dire pas cher,
would you like some tea ? Voulez-vous du thé ? »

Oh, je m'ennuie ! J'en ai assez !
Dès que mon père a le dos tourné,
je file dehors.

Je vais faire un tour au marché
pour montrer mon tapis à mes copains.

Tout à coup, un coq apparaît, je ne sais pas d'où il vient, il me suit partout. Il s'intéresse beaucoup à moi. Est-ce à cause de mon tapis ? Me prend-il pour un coq, moi aussi ?
« Oh ! Oh ! As-tu apprivoisé ce coq ? » dit mon copain Yacine qui vend de la menthe.

« C'est ton coq, Mustafa ? Allez, dis-lui de chanter ! » demandent mes copains.
« Bon… je vais essayer…
Kho-kho-hou-houuu ! »
(C'est comme ça que chante un coq au Maroc.)
Alors, le coq me répond en chantant très fort :
« Kho-kho-hou-hoûûû ! »

Des touristes étrangers s'approchent.
Un garçon français dit :
« Ce n'est pas comme ça qu'un coq chante
chez nous. Chez nous, il fait :
Co-co-ri-co ! »

« Ah bon ? » dit un couple espagnol,
« chez nous, il fait :
Qui-qui-ri-qui ! »

« Comme c'est drôle », disent des Anglais, « chez nous, il fait : Cock-a-doodle-doo ! »

« Au Japon », disent les Japonais, « il fait :
Koké-ko-kôôô ! »
Tout le monde rit de bon cœur.

Alors moi, je cours vite au magasin de mon père.
« Papa, papa ! J'ai appris les langues étrangères ! ! !
Je sais faire le chant du coq en cinq langues ! »

Papa est très content. Non seulement j'ai appris
les langues étrangères, mais surtout,
les touristes m'ont tous suivi jusqu'au magasin !